中等职业教育课程改革创新教材
物流服务与管理专业系列教材

物流设备操作

主　编　潘艳君　彭宏春
副主编　何晓光　张晓春
参　编　吴　良　彭　洁
主　审　王　涛

机械工业出版社

本书以培养应用型人才为目标，体现了“以项目为主线、教师为引导、学生为主体”的特点，改变了以往“教师讲，学生听”的被动教学模式，创造了学生主动参与、自主协作、探索创新的教学体系。从让学生对物流设备有一个整体上的认识开始，对仓储设备、装卸搬运设备、运输设备和包装设备等的操作和维护进行重点介绍。

本书分为14个项目，包括认识物流设备，使用与维护仓储货架、托盘，熟知集装箱，接触物流箱，操作与维护分拣设备、起重设备、连续输送机械、手动液压搬运车，使用与维护电动叉车，驾驶与维护内燃叉车，操作与维护堆高车，操作与管理运输设备，操作与维护常用包装设备。每个项目由不同的任务组成，每个任务下又设计有任务目标、任务描述、任务准备、任务实施、应用训练、任务评价和拓展提升等内容，以求理论与实践相结合，具有指导性、新颖性和实用性。

本书可作为中等职业学校物流服务与管理专业、经济管理专业学生学习的教材，也可作为物流企业培训或相关人员进修学习的参考用书。

图书在版编目（CIP）数据

物流设备操作/潘艳君，彭宏春主编．—北京：机械工业出版社，2014.8（2023.1重印）
中等职业教育课程改革创新教材．物流服务与管理专业系列教材
ISBN 978-7-111-47725-9

Ⅰ．①物…　Ⅱ．①潘…　②彭…　Ⅲ．①物流—设备—操作—中等专业学校—教材　Ⅳ．①F252

中国版本图书馆CIP数据核字（2014）第191751号

机械工业出版社（北京市百万庄大街22号　邮政编码100037）
策划编辑：宋　华　责任编辑：陈　曦
责任校对：马丽婷　责任印制：郜　敏
中煤（北京）印务有限公司印刷
2023年1月第1版第9次印刷
184mm×260mm・11.5印张・281千字
标准书号：ISBN 978-7-111-47725-9
定价：39.80元

电话服务
客服电话：010-88361066
010-88379833
010-68326294

网络服务
机　工　官　网：www.cmpbook.com
机　工　官　博：weibo.com/cmp1952
金　　书　　网：www.golden-book.com
机工教育服务网：www.cmpedu.com

前言

近年来，现代物流业以现代信息技术、自动化技术、运输技术和管理技术为核心的技术创新和应用，创建了一个以最快的方式、最低廉的成本、最安全的运输方式和最优质的服务为主要特征的现代物流系统。物流设备也正朝着信息化、自动化、集成化、柔性化、标准化、绿色的方向发展，其现代化水平不断提高。物流设备的现代化是实现物流现代化的重要保证，它的发展有力地促进了现代物流业的不断发展。

本书紧密结合岗位实际、注重实用、结构合理，体现了职业教育教材的特色，将理论与实践进行整合，强调实践操作能力的训练。本书具有以下特点：

1．任务驱动、目的明确

本书属任务驱动型教材，可采用项目教学法教授。每个任务中设计有任务目标、任务描述、任务准备、任务实施、应用训练、任务评价和拓展提升等环节，学生学习目的明确，并且能够检测学习效果。

2．形式活泼、激发兴趣

在任务驱动教学中增加了“应用训练”环节，其中特别设计了小组比赛，以活泼的形式激发学生的学习兴趣，力求使原本枯燥的物流设备理论变得生动，而且满足了学生多练、能力本位的新型教学方式的需要。

3．突出重点、力求简洁

物流设备种类繁多，本书结合企业岗位需求，选取了物流仓储设备、装卸搬运设备、运输设备和包装设备等的操作和维护进行重点介绍，突出其应用性和实践性，并力求使叙述深入浅出，简洁明了。

本书由武汉市供销商业学校潘艳君、上海市现代流通学校彭宏春担任主编，南通商贸高等职业学校何晓光、吉林经济贸易学校张晓春担任副主编，武汉市供销商业学校王涛任主审。本书编写分工如下：何晓光编写了项目一、项目二和项目三，吴良编写了项目四，彭洁编写了项目五，潘艳君编写了项目六、项目七、项目八和项目十二，彭宏春编写了项目九、项目十和项目十一，张晓春编写了项目十三和项目十四。

为了方便教学，凡选用本书作为教材的教师，均可登录机械工业出版社教材服务网（http://www.cmpedu.com）免费下载电子资源包，并欢迎加入中职物流教师交流群（QQ群号：170211876）。

由于成稿时间仓促，编者水平有限，书中难免存在疏漏之处，恳请广大读者和专家批评指正。

编　者

目录